e625.com

LAS HISTORIAS JAMÁS CONTADAS DE DAVID
e625 - 2024
Dallas, Texas
e625 ©2024 por **Edimundo Balzan**

Editado por: **Marcelo Mataloni**

Ilustraciones por: **Edi Balzan**

Diseño interior y portada: **JuanShimabukuroDesign**

RESERVADOS TODOS LOS DERECHOS.

ISBN: 978-1-954149-66-3

IMPRESO EN ESTADOS UNIDOS

DEDICATORIA:

A ti, que estás explorando el mundo a tu manera, que, como el joven David, llevas en tu corazón la osadía de enfrentarte a gigantes, la fe para creer en lo imposible, y la sabiduría para saber que el verdadero poder viene de Dios. Que estas breves historias te permitan reír, pero también te enseñen a confiar en tus talentos y a recordar que, con fe y determinación, puedes lograr aquello que Dios ha puesto en tu corazón.

AGRADECIMIENTOS:

Quiero profundamente dar gracias por la oportunidad de que este pequeño gran libro exista, primeramente a Dios como autor de toda la creatividad, también a mi esposa quién creyó en que tú un día podías leer estas divertidas historias y por supuesto a todas las personas que por gracia pensaron en..
¿porque no?

NOTA ESPECIAL PARA PADRES Y MAESTROS

¡Qué bueno que tus niños tengan este libro!

Su propósito es doble: Por un lado queremos que se familiaricen con un protagonista de la Biblia y su momento y lugar de la historia; y por el otro queremos que involucren su imaginación para que puedan mirar con ojos frescos sus enseñanzas y prestar mayor atención al relato bíblico.

Por estas razones este divertido libro cuenta escenas imaginarias de lo que un protagonista bíblico pudo haber pasado para que luego les acompañes al texto de la Palabra de Dios y puedan encontrarse con ese protagonista y lo que Dios hizo con sus vidas. ¡Gracias por tu influencia en la nueva generación!

Equipo de e625.com

HISTORIAS

1. MERODEADOR NOCTURNO
2. LA OVEJA NEGRA
3. EL RESCATE
4. EL HECHICERO
5. UNA PIEDRA Y UN PANAL
6. EL CONTRABANDO NINJA
7. UN TIEMPO DESPUÉS

MERODEADOR NOCTURNO

LA OVEJA NEGRA

EL RESCATE

¡CAPITÁN, NUESTROS SOLDADOS ESTÁN CAYENDO!
¡NADIE VA A RENDIRSE, SOLDADO!, ¡SI MORIMOS, CAEREMOS CON ORGULLO!

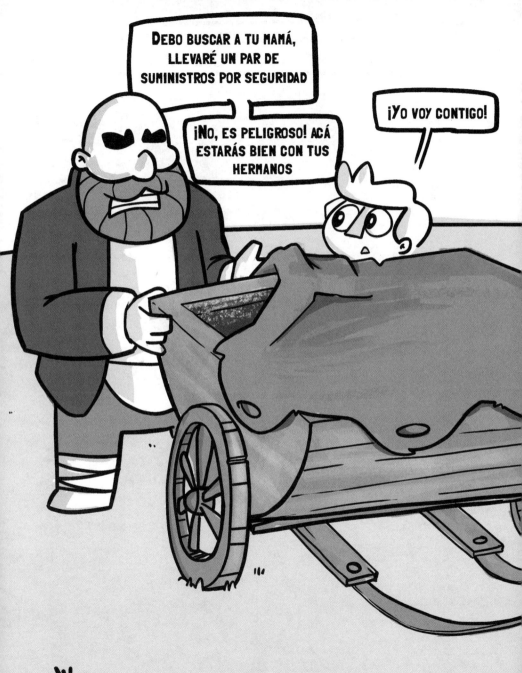

EL HECHICERO

AL DÍA SIGUIENTE...
MEEH
MEEH
MUY BIEN, ¡TODAS A TOMAR AGUA!

MEEH
MEEH
MEEH
ESPEREN UN MOMENTO...

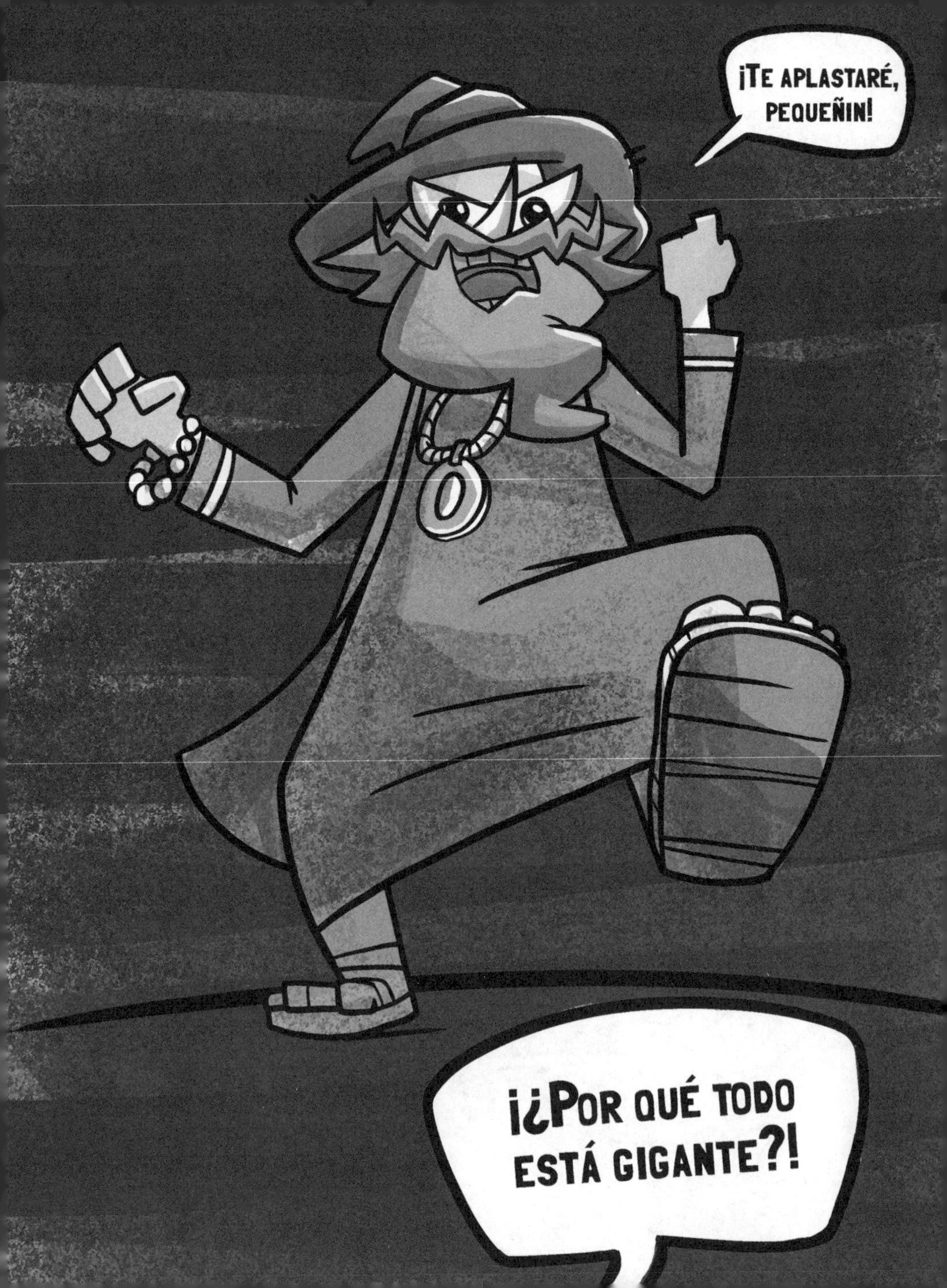
¡TE APLASTARÉ, PEQUEÑIN!
¡¿POR QUÉ TODO ESTÁ GIGANTE?!

UNA PIEDRA Y UN PANAL

EL CONTRABANDO NINJA

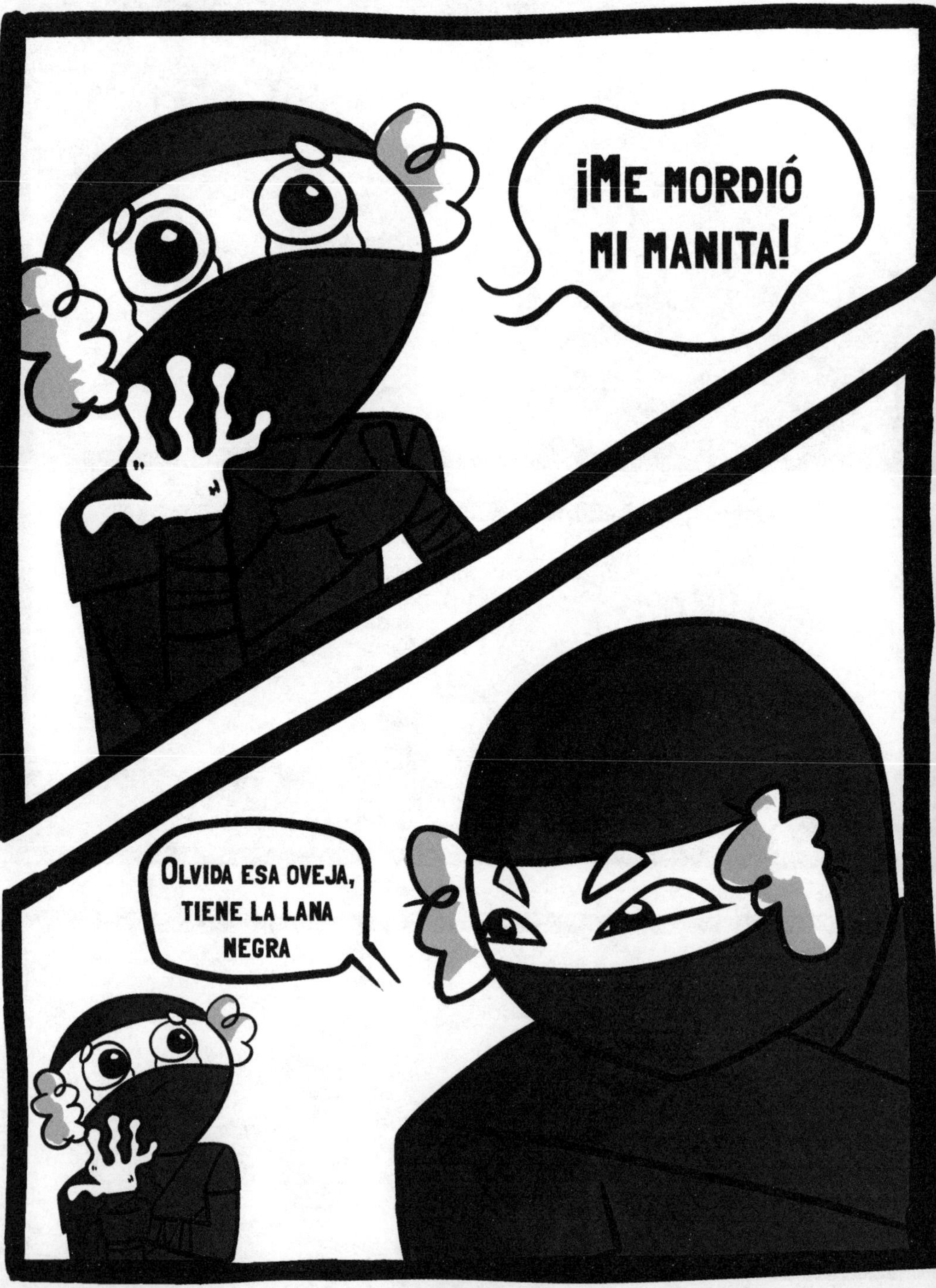
¡ME MORDIÓ MI MANITA!
OLVIDA ESA OVEJA, TIENE LA LANA NEGRA

UN TIEMPO DESPUÉS

ALGUNAS PREGUNTAS QUE DEBES RESPONDER:

¿QUIÉN ESTÁ DETRÁS DE ESTE LIBRO?

Especialidades 625 es un equipo de pastores y siervos de distintos países, distintas denominaciones, distintos tamaños y estilos de iglesia que amamos a Cristo y a las nuevas generaciones.

¿DE QUÉ SE TRATA E625.COM?

Nuestra pasión es ayudar a las familias y a las iglesias en Iberoamérica a encontrar buenos materiales y recursos para el discipulado de las nuevas generaciones y por eso nuestra página web sirve a padres, pastores, maestros y líderes en general los 365 días del año a través de **www.e625.com** con recursos gratis.

¿QUÉ ES EL SERVICIO PREMIUM?

Además de reflexiones y materiales cortos gratis, tenemos un servicio de lecciones, series, investigaciones, libros online y recursos audiovisuales para facilitar tu tarea. Tu iglesia puede acceder con una suscripción mensual a este servicio por congregación que les permite a todos los líderes de una iglesia local, descargar materiales para compartir en equipo y hacer las copias necesarias que encuentren pertinentes para las distintas actividades de la congregación o sus familias.

¿PUEDO EQUIPARME CON USTEDES?

Sería un privilegio ayudarte y con ese objetivo existen nuestros eventos y nuestras posibilidades de educación formal. Visita **www.e625.com/Eventos** para enterarte de nuestros seminarios y convocatorias e ingresa a **www.institutoE625.com** para conocer los cursos online que ofrece el Instituto E 6.25

¿QUIERES ACTUALIZACIÓN CONTINUA?

Regístrate ya mismo a los updates de **e625.com** según sea tu arena de trabajo: Niños - Preadolescentes - Adolescentes - Jóvenes.

¡APRENDAMOS JUNTOS!

e625.com /e625COM

¡SUSCRIBE A TU MINISTERIO PARA DESCARGAR LOS MEJORES RECURSOS PARA EL DISCIPULADO DE LAS NUEVAS GENERACIONES!

Lecciones, bosquejos, libros, revistas, videos, investigaciones y mucho más

e625.com/premium

CAPACITACIÓN Y ACTUALIZACIÓN MINISTERIAL ONLINE DE NIVEL UNIVERSITARIO

SIGAMOS
CRECIENDO
JUNTOS

WWW.INSTITUTOE625.COM